AF290107

CRM

La gestion de la relation client

Par Antoine Delers
Sous la direction d'Anne-Christine Cadiat

50MINUTES.fr

LE CRM

- **Dénominations ?** CRM (*Customer Relationship Management*), GRC (gestion de la relation client).
- **Usages ?** Utilisé en entreprise, l'approche CRM vise à optimiser le service client, développer la force de vente et fournir des outils de statistiques et de suivi clientèle à des fins de marketing et de gestion des données.
- **Raisons de son efficacité ?** Le CRM permet d'améliorer la qualité de la relation client, de personnaliser les offres, de suivre la relation, d'identifier les opportunités et d'offrir une communication multicanale, tout en limitant les efforts du côté de l'entreprise – malgré la masse importante de clients et de prospects à gérer – et en garantissant la transmission de connaissance client au sein de la société.
- **Mots-clés ?**
  - *Data Mining* : ensemble des outils et pratiques d'analyse statistique de base de données, notamment clients, qui permet de dégager les informations significatives

pouvant servir à la mise en place d'actions marketing ou autre.

- ∘ <u>Segmentation clientèle</u> : découpage et classement de clients dans des groupes homogènes, distincts, rentables et atteignables.
- ∘ <u>Fidélisation</u> : ensemble des actions nécessaires pour stimuler et entretenir la relation clientèle.
- ∘ <u>Prospection</u> : recherche de clients potentiels appelés « prospects » en vue de les convertir en consommateurs du bien ou du service proposé.
- ∘ <u>Attrition</u> : perte de clientèle survenue au cours d'une période et qui se mesure par le taux d'attrition ; terme opposé à la rétention correspondant au taux de clients conservés au cours d'une période.
- ∘ <u>*Front-office*</u> : opposé au *back-office* qui n'est pas visible pour le client, le *front-office* englobe les moyens humains et matériels directement en contact avec ce dernier.
- ∘ <u>Multicanal</u> : utilisation de plusieurs moyens de communication entre l'entreprise et le client, tels que la vente directe, le téléphone, l'Internet (réseaux sociaux, e-mails, chat, site web de la société et formulaires), etc.

- KPI (*Key Performance Indicators*) : utilisés dans les tableaux de bord en management, les indicateurs clés de performance sont des indicateurs de pilotage et d'efficacité qui mesurent les résultats d'une activité, telle que, par exemple, une campagne marketing.
- Marketing *one-to-one* : type d'actions marketing opposé au marketing de masse, qui tente de communiquer avec chaque client séparément pour lui offrir un service personnalisé.
- *Life Time Value* : prévision de la valeur actualisée du profit net attendu pour un client durant toute la durée de sa relation avec l'entreprise.

Selon Richard Branson (entrepreneur anglais et fondateur emblématique de Virgin, né en 1950), les deux clés menant au succès sont les suivantes : engager des gens talentueux et écouter attentivement le consommateur. C'est sur ce dernier point qu'est consacré cet article, car l'écoute du client y est étroitement liée.

DÉFINITION DU MODÈLE

Le CRM, pour *Customer Relationship Management* (ou GRC pour « Gestion des relations client » en français), désigne l'ensemble des stratégies, outils et techniques qui permettent d'enregistrer, de gérer et d'enrichir les relations avec les clients – actuels, voire même les anciens à reconquérir – et les prospects.

Devenu presque indispensable dans la plupart des grandes entreprises, il se présente sous la forme d'un logiciel homonyme : le CRM. Il permet de garder une trace fiable et précise de l'ensemble des échanges entre la société et le client, ce qui permet de personnaliser les interactions en vue de le fidéliser, ou entre la société et le prospect, grâce à des outils intégrés de segmentation. Enfin, il peut être utilisé à des fins de *reporting*, pour en tirer des statistiques générales et autres chiffres clés (KPI).

Une des particularités intéressantes du CRM est qu'il est traditionnellement considéré comme un outil de *front-office*, par opposition au *back-office*. Le *front-office*, qui correspond dans le jargon économique à la « partie visible de l'iceberg », représente la partie de l'entreprise dont ont conscience les clients : vendeurs, représentants commerciaux, caissiers, guichetiers, etc. Le *back-office* regroupe l'ensemble des outils et moyens (matériels et humains) d'une entreprise dont les clients n'ont pas directement connaissance, tels que les services comptable et financier.

THÉORIE – PRÉSENTATION DU CONCEPT DU CRM

LES ORIGINES

L'origine de la relation client remonte à des temps anciens : dès qu'il fallut prospecter, réaliser des ventes ou fournir un service après-vente, nos ancêtres usaient de ce concept, sans toutefois l'avoir défini tel qu'il est aujourd'hui. Il faudra attendre le développement des technologies de l'information et de la communication (TIC) dans les années quatre-vingt-dix pour que le CRM soit défini et les années 2000 pour que son application stratégique, par la forme du logiciel homonyme, soit utilisée en entreprise. La concurrence de plus en plus importante, le coût de prospection élevé par rapport aux frais liés à la fidélisation, et la masse de clientèle due à l'émergence de la société de consommation sont autant d'éléments qui ont ainsi inexorablement encouragé le développement de la gestion de la relation client.

IMPLÉMENTER UNE STRATÉGIE CRM EN ENTREPRISE

La gestion de la relation client, parfois également appelée « gestion des relations avec les clients », regroupe l'ensemble des techniques et outils utilisés en entreprise pour gérer la masse de clientèle, et ce, en leur offrant un service personnalisé. La société peut ainsi s'adresser personnellement à chaque client, pourvu qu'il soit identifié dans le système, et attribué à un segment particulier. L'approche CRM permet d'optimiser le service client et de développer la force de vente d'une entreprise, grâce à des outils de statistiques et de suivi clientèle à des fins de gestion et de marketing.

Mais comment donc implémenter une stratégie CRM ? Avec du temps et des ressources en suffisance, tout est possible !

Implémentation d'un CRM

1. Optimisation des données : *cleaning, reporting*

2. Technologies adaptées : système ergonomique et accessible à tous (profils différents en fonction des employés)

3. Processus établi : mise au point d'un *workflow* et de stratégies

4. Formation et adaptation des travailleurs : via un management adéquat

En pratique : le CRM comme outil informatique

À l'heure actuelle, il apparaît évident qu'une stratégie de gestion de la relation client efficace (automatisation des processus de segmentation, prospection, fidélisation et analyse de la clientèle, etc.) nécessite l'utilisation d'un logiciel de CRM. Il peut se présenter sous la forme d'une application logicielle accessible sur les postes concernés de l'entreprise, mais également sous la forme d'un e-CRM (CRM en ligne) ou encore d'un m-CRM (Mobile CRM adapté aux tablettes et Smartphones).

Il existe sur le marché actuel une multitude de solutions CRM éditées par des groupes informatiques, notamment Microsoft (Microsoft Dynamics CRM), SAP (SAP CRM) et Oracle (Oracle CRM). Ces applications sont bien souvent liées à l'ERP (*Enterprise Resource Planning*) de la société et proposent une base de données unique et complète puisqu'elles lient les données commerciales, financières, logistiques, etc.

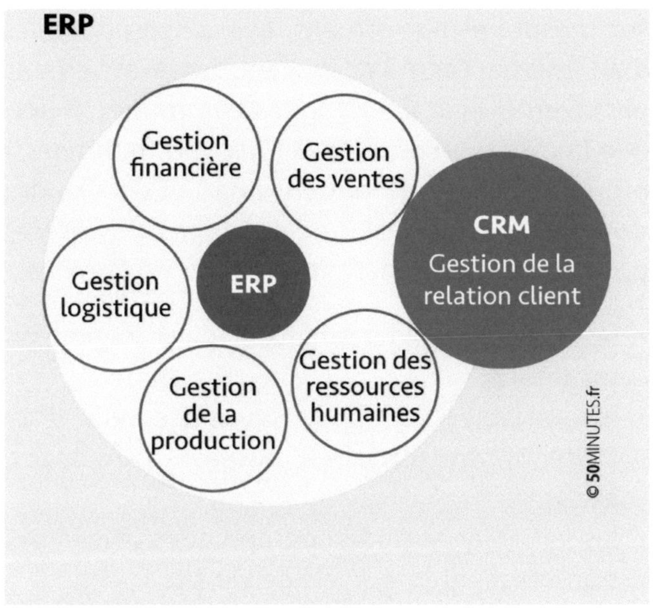

COMPRENDRE ET VALORISER LA RELATION CLIENT

Segmentation et prospection

La segmentation clientèle, ou « segmentation marketing », permet d'organiser les clients avérés ou prospects en groupes homogènes, distincts et à qui l'on peut adresser un message sur mesure et performant. Les consommateurs d'un même segment doivent impérativement partager des caractéristiques communes. Selon que la clientèle soit B-to-B (*Business to Business*) ou B-to-C (*Business to Consumer*), il conviendra donc de sélectionner certains types de critères pour opérer la segmentation :

- les variables géographiques (pays, région ou localité) ;
- les variables firmographiques (secteur d'activité, chiffre d'affaires, nombre d'employés, etc.) ;
- les variables sociodémographiques (âge, sexe, nombre d'enfants, cycle de vie, etc.) ;
- les variables comportementales (avantages recherchés, magasins fréquentés, produits achetés, utilisation du produit, fidélité, etc.) ;
- les variables socio-économiques (profession, niveau de revenus, etc.) ;
- les variables psychographiques (style de vie, valeurs, personnalité, etc.).

Chaque groupe est unique et ne peut être semblable à d'autres segments, autrement dit, il ne doit pas se confondre avec un autre. Il est nécessaire de pouvoir s'adresser et toucher chaque membre d'un groupe via l'émission d'un type de discours unique (une campagne marketing par exemple), compréhensible de toutes les personnes qui composent le groupe. Le segment doit être de taille suffisante pour être rentable et justifier une approche stratégique spécifique. Enfin, il doit pouvoir être mesuré et opérationnalisé, car il est important de pouvoir déterminer le nombre de clients de ce dernier et d'attribuer un client type spécifique à un segment donné basé sur des critères définis.

Une fois la segmentation opérée, c'est au tour du ciblage et de la prospection d'être abordés. Selon les cas, les groupes de consommateurs segmentés sont plus ou moins nombreux : il n'est évidemment pas utile de se préoccuper de tous les groupes définis. En effet, la segmentation va permettre de séparer d'un côté des groupes de clients potentiels, et de l'autre ceux qui ne sont pas susceptibles de le devenir un jour. Choisir de se concentrer sur l'un des segments de consommateurs est ce qu'on appelle dans le jargon économique le « ciblage ». Plus le ciblage est précis, plus la phase de prospection se révèle efficace.

Fidélisation des clients

La deuxième approche de la gestion de la relation avec les clients est la fidélisation de ces derniers. On raconte souvent que fidéliser un client coûterait cinq fois moins cher que d'en convertir de nouveaux. Suivant cette logique, une société a tout intérêt à choyer ses clients les plus importants. De façon complémentaire, la fidélisation augmente les bénéfices d'une part, et assoit sa position sur le marché d'autre part.

La fidélisation peut s'expliquer selon le cycle suivant : une fois le premier contact entre l'entreprise et le client établi, une vente peut être réalisée. Si tel est le cas, c'est à ce moment précis que le client devient « client » et commence à se forger une opinion sur la relation qui naît entre lui et le vendeur. S'en suit l'utilisation du produit/l'expérience du service à proprement parler, et l'après-vente qui englobe toutes les opérations de résolutions de problèmes rencontrés par les clients, de proposition de nouveaux produits, etc. La satisfaction du client doit ainsi être au centre des préoccupations tout au long du processus de fidélisation afin qu'un cycle de vente s'enclenche.

La fidélisation

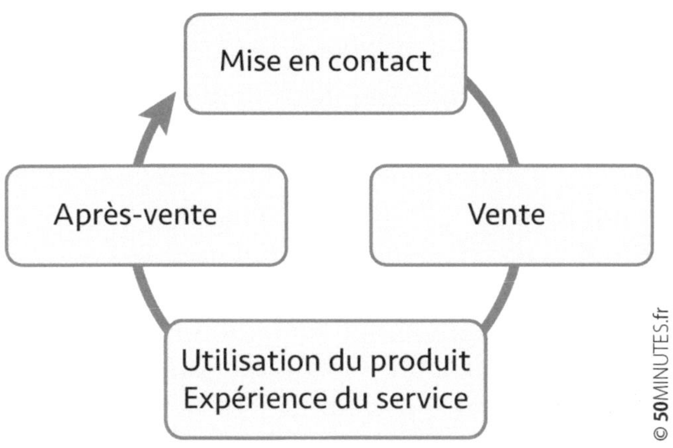

Enfin, il est primordial de mesurer et de connaître le niveau de fidélisation de la clientèle. S'il n'existe malheureusement pas de taux directement lié à celle-ci, l'analyse de quelques KPI peut en donner une bonne estimation. Parmi eux, notons le taux de rétention (nombre de clients conservés par rapport à tous les clients gagnés sur une année), et le NPS (*Net Promoter Score*, ou « score net de recommandation ») qui rend compte des notes (de 1 à 10) attribuées par les clients à des entreprises. Une note de 0 à 6 place les sociétés au rang des « détracteurs », de 7 à 8 à celui des « neutres » et enfin de 9 à 10 à celui des « ambassadeurs » de la société. Notons qu'à côté des notions quantitatives, la fidélisation peut se calculer également de façon qualitative. Il est cependant moins évident de comparer les résultats ; ils sont par ailleurs moins précis.

Reporting

Enfin la troisième approche de la gestion de la relation client est statistique. Les outils de CRM permettent en effet d'exploiter les données de la clientèle afin d'en tirer des KPI et de calculer différentes statistiques relatives aux campagnes marketing, aux ventes de produit, etc. Parmi les indicateurs-clés, on retrouve notamment :

- **le taux de réponse,** soit le nombre de personnes qui ont répondu à une offre de vente de la société. Elle peut se calculer notamment grâce à un coupon-réponse utilisé par le client, ou encore via un code promotionnel encodé dans un système ;
- **le taux de conversion,** soit le nombre de prospects devenus clients au cours d'une période donnée ;
- **le taux de rétention**, soit le nombre de clients conservés au cours d'une période par rapport

aux nouveaux clients convertis pour la même période. Il s'oppose au taux d'attrition qui correspond au nombre de clients perdus ;

- **le taux de satisfaction,** soit une mesure de la satisfaction de la clientèle existante, qui peut être complétée par le *Net Promoter Score* (NPS) ;
- **le taux de plaintes par client,** soit le nombre de plaintes encodées sur une période de temps délimitée par rapport à l'ensemble de la clientèle ;
- **le retour sur investissement (ROI)**, soit le chiffre d'affaires généré suite à une campagne marketing ou au lancement d'un nouveau produit ;
- **le coût d'acquisition d'un nouveau client**, soit le coût que représentent la conversion et donc l'acquisition d'un nouveau client. Il peut notamment être calculé à partir du budget investi dans une campagne marketing ;
- **la valeur actuelle nette du client**, soit la valeur actualisée des futurs profits qu'une société peut espérer par client.

Une bonne gestion de la relation client va de pair avec une exploitation efficiente du *Data Mining,* terme qui regroupe l'ensemble des outils et techniques permettant d'extraire des données significatives, dont des corrélations entre les variables exposées plus haut. Cette démarche est par exemple adoptée par des organismes de crédit, qui pratiquent ce qu'on appelle le *Credit Scoring,* c'est-à-dire le calcul d'un risque associé à un client désireux d'emprunter.

LE *CREDIT SCORING*

Cette pratique se base en réalité sur l'étude empirique des anciens prêts accordés par l'organisme. En examinant le taux de remboursement du crédit par rapport à des caractéristiques propres aux anciens bénéficiaires des prêts accordés (notamment le salaire) – caractéristiques que présentent également les nouveaux demandeurs de crédit –, l'organisme bancaire parvient à interpréter les données dont elle dispose : de cette manière, elle anticipe au mieux le risque de non-remboursement associé à ces demandeurs.

Le *Data Mining* est également très utile pour extraire des modèles de consommation. Le but poursuivi est ici de déterminer quels produits proposer à un certain type de ménage en fonction de leurs comportements d'achats. Ainsi, certaines grandes surfaces utilisent les cartes de fidélité des clients, pour découvrir leurs habitudes de consommation et leur proposer des produits adaptés. Un client amateur de chocolat et de friandises recevra par exemple un catalogue présentant en première page une promotion pour des barres chocolatées, tandis que son voisin, consommant plutôt des légumes, bénéficiera d'une offre éclair sur les courgettes et les pommes de terre. En réalité, chacune de ces personnes fait partie d'un segment bien particulier, aussi la communication est adaptée en fonction des groupes pour mieux cibler les besoins de chacun. Grâce à une gestion des données client efficace, les chaînes de supermarchés peuvent éditer un ensemble de brochures rencontrant les aspirations des différents segments et leur faire parvenir ainsi des offres personnalisées.

La légende du panier de course

Savez-vous qu'en analysant les paniers de course de ses clients, une grande chaîne de distribution américaine aurait découvert une forte corrélation entre les packs de bières et les langes pour enfants ? Il semblerait en effet que, le samedi, alors que les mères restent à la maison pour s'occuper de leurs jeunes enfants, les pères vont acheter les langes et en profiterait pour prendre des boissons qu'ils comptent boire le soir même. Ayant remarqué ce comportement d'achat, la direction de la chaîne de supermarchés aurait décidé de désormais placer les langes dans le même rayon que les bières. Avec cette stratégie de vente basée sur le *Data Mining*, la société entend augmenter facilement ses ventes.

AVANTAGES DE LA DÉMARCHE CRM

L'utilisation d'un outil CRM offre de nombreux avantages, dont voici les principaux.

Centralisation et diffusion des données client au sein de l'entreprise

- Le CRM permet de garder en mémoire les relations (B-to-B ou B-to-C) et de sauvegarder l'historique des échanges avec un client/fournisseur. De plus, en rendant le CRM accessible à tous dans la société, chaque employé, de la vente au service facturation, peut avoir accès à ces données facilement.

- Il favorise une gestion optimisée et structurée d'une masse très importante de clients, anciens clients et prospects tout en continuant à offrir un service personnalisé en fonction des segments définis via une analyse des données. Sans un tel outil, et à moins de connaître chaque client personnellement, il serait impossible de s'adresser aux différents consommateurs comme s'ils étaient uniques.

L'optimisation du cycle de vie du client – Entre acquisition et fidélisation

- Le CRM permet également une surveillance passive de la valeur que représente un client. Si celui-ci n'a plus consommé depuis un certain temps, une alerte peut être déclenchée afin qu'un commercial vienne reprendre l'affaire en main pour le relancer ou le reconquérir (passage du témoin entre collègues en toute sérénité). Ce système assure la continuité du service. Rappelons que le but est de ramener autant que possible les clients dans la boucle d'achats.

- Il facilite l'anticipation des besoins et des attentes du client. Ainsi, l'observation du cycle de celui-ci peut mettre en évidence des opportunités de *cross-selling* (vente d'un produit d'une autre catégorie) et d'*up-selling* (vente d'un produit de même catégorie mais de standard supérieur).

Relation *win-win* grâce aux offres personnalisées

- Avec l'analyse des données contenues dans le système CRM, l'entreprise comprend davantage les besoins et les comportements d'achats de ses clients, et adapte ainsi son offre (du produit, en passant par le canal de distribution jusqu'à la communication ciblée). De la sorte, elle augmente ses performances puisque le client apprécie le service personnalisé, ce qui le poussera à réitérer l'expérience de consommation.

Les avantages du CRM

POUR UNE BONNE GESTION DE LA RELATION CLIENT

LES ÉTAPES

Étape 1 – Segmentation de la clientèle

Pour organiser au mieux sa stratégie, l'entreprise veillera à diviser sa clientèle en groupes, segments, distincts. À ce propos, il existe différents modes opérationnels (liste non exhaustive).

- **La segmentation RFM (Récence, Fréquence, Montant)** découpe en tranche l'ensemble des clients en fonction de leurs habitudes d'achat pour une période donnée.
  - De quand date leur dernier achat ?
  - Quelle est la fréquence de leurs achats ?
  - Quel était leur montant ?
- Cette méthode rend compte des différents rangs des clients en fonction de la valeur du panier de leurs achats : les plus grands consommateurs sont à choyer et à privilégier,

ceux dont les achats sont mitigés sont à surveiller et à encourager afin qu'ils accèdent à la catégorie supérieure, quant aux anciens clients, il serait peut-être intéressant de les relancer pour essayer de les reconquérir.

- **La segmentation géographique** délimite une zone géographique (appelée dans le cas d'un magasin « zone de chalandise ») qui contient un ensemble de clients potentiels. Pour ce faire, une étude des clients existants, grâce par exemple à leur code postal, permet de délimiter la zone d'où proviennent la plupart de ceux-ci. L'entreprise n'a plus ensuite qu'à concentrer ses efforts de recherche clientèle sur cette zone pour dénicher de nouvelles affaires.

- **La segmentation en fonction du ratio de Pareto**. Puisque, selon ce principe, 20 % des clients génèrent 80 % du chiffre d'affaires, il semble hautement pertinent – tout comme c'est le cas avec la segmentation RFM – d'appliquer des stratégies adaptées à chaque groupe segmenté, en regard du degré de nécessité de fidélisation des clients.

Notez qu'il existe encore d'autres possibilités de segmentation, le choix dépendant du type d'entreprise étudiée. Une segmentation en fonction de la taille et du poids des clients sera par exemple utile au secteur du prêt-à-porter, tandis qu'une segmentation en fonction de l'âge se révélera plus pertinente pour le secteur des loisirs.

Étape 2 – La communication avec le client

Une fois les clients potentiels ciblés suite à la segmentation, il faut concevoir un discours approprié pour que chacun d'eux se sente unique et écouté. Il s'agit d'un des points les plus importants de la gestion de la relation client, car ces derniers sont de plus en plus nombreux et exigeants. La stratégie liée à la construction de la relation client implique donc de proposer et d'utiliser tous les moyens de communication possibles pour laisser le choix au client de contacter l'entreprise comme il le désire, et quand il le désire, quelle qu'en soit la raison (problème, demande d'informations, achat ou dépôt de plainte). Ces principaux moyens de communication sont les suivants :

- l'Internet, via les e-mails, les réseaux sociaux, les forums, les chats sur le site web, les formulaires à remplir ;
- les outils mobiles tels que les tablettes et les Smartphones, via des SMS ou des applications ;
- le face-à-face, par le biais d'un vendeur ou d'un représentant commercial ;
- le courrier postal ;
- le fax ;
- etc.

LES STRATÉGIES DE COMMUNICATION

Il existe quatre différentes stratégies de communication marketing qui permettent d'atteindre le client.

- **Le marketing de masse** est la stratégie la plus commune : il s'adresse à l'ensemble des consommateurs sans les différencier.
- **Le marketing différencié** segmente les clients en plusieurs groupes : il communique avec chacun d'eux de manière différente.
- **Le marketing concentré** se focalise sur de petites portions du marché.
- **Le marketing *one-to-one*** (*one-to-few* dans la plupart des cas) échange avec chaque consommateur de façon individuelle et personnalisée.

Étape 3 – La fidélisation

Lorsqu'un client procède à l'achat d'un produit ou d'un service, il faut tout mettre en œuvre pour l'inciter à revenir « dans la boucle » et à réitérer son geste. Pour s'assurer de l'acquisition effective du consommateur, la technique de l'offre personnalisée peut se révéler déterminante. En se focalisant sur la satisfaction du client, cette démarche proactive cherche implicitement à le fidéliser. Dans le même ordre d'idées, l'entreprise peut décider de mettre en place un programme de gestion des questions et des plaintes, un système de rappel automatique pour d'anciens clients qui n'auraient pas consommé depuis longtemps, ou encore un programme de fidélisation par « bonus », qui octroie des réductions à partir d'un certain montant d'achats.

Les outils mis à la disposition des commerciaux et des vendeurs afin de faciliter cette fidélisation et de construire la relation client sont nombreux. Ci-dessous les plus importants :

- le site Internet, qui fournit des informations complémentaires sur l'ensemble du catalogue des produits ;
- la newsletter, qui rappelle l'enseigne à la mémoire du client et qui permet notamment de mettre en avant les promotions en cours ;
- les invitations à des salons ou à des ventes exclusives, afin de créer un contact direct avec le client et de recueillir ses coordonnées ;
- les relations publiques ;
- les promotions ou coupons personnalisés ;
- les échantillons gratuits ;
- les contacts téléphoniques ;
- les cartes de fidélité ;

- le support ou service après-vente ;
- etc.

Parmi les outils, les logiciels CRM sont de loin les plus performants, car ils combinent plusieurs des outils de la liste.

Il est important de signaler à ce stade que les moyens de communication dépendent aussi de l'industrie et du type de produit de chaque entreprise. Un produit à haute valeur technologique, telle qu'une imprimante 3D pour industries, nécessitera une communication en face à face tant les spécificités du produit peuvent être complexes à expliquer et à appliquer, tandis qu'un objet quelconque pourra être aisément commercialisé sur Internet sans intervention d'un intermédiaire ou d'un conseiller.

RECOMMANDATIONS

- Veillez à actualiser constamment les informations de vos clients dans votre base de données afin que ces dernières soient utilisables à tout moment. Avant d'entreprendre une démarche CRM, assurez-vous de la qualité et de la propreté de votre base (attention donc aux doublons ainsi qu'aux erreurs d'encodage).

- Il faut également veiller à la protection des données à caractère personnel de vos clients, car ces derniers ont des droits que la société doit respecter. Ceux-ci comprennent notamment le droit d'accès, de modification et de suppression des données. La société ne peut pas non plus divulguer ces données sans le consentement explicite du client.

- Ne segmentez pas trop votre clientèle, car les groupes définis doivent rester opérationnels (autrement dit utilisables par l'entreprise). Rappelons que les groupes de segmentation doivent être homogènes, atteignables et distincts les uns des autres.

- N'oubliez pas de mesurer les efforts déployés dans une stratégie de gestion de la relation client, en vous basant sur les données dont vous disposez.

- Pratiquez la communication multicanal – et évitez de privilégier un média en particulier – afin de laisser le client choisir la manière dont il veut entrer en contact avec l'entreprise.

- Séduisez en douceur le consommateur, autrement dit ne le traquez pas, vous risqueriez de le perdre. Souvenez-vous que la fidélisation coûte moins cher que l'acquisition de nouveaux clients.

ÉTUDE DE CAS

Exemple 1 – Mobile Telecom, une segmentation descriptive

Notre premier exemple concerne une entreprise de télécommunications, Mobile Telecom, qui désire augmenter son chiffre d'affaires en fidélisant ses clients existants. Pour ce faire, il leur propose des offres téléphoniques adaptées à leurs consommations. Après avoir collecté les données comportementales de sa cible, l'équipe de marketing est en mesure de dresser le tableau synthétique suivant :

Client	Nombre de textos	Nombre d'appels
A	15	150
B	85	92
C	23	12
D	157	14
E	145	152
F	65	89
G	18	155
H	150	24
I	15	18
J	154	143

Le tableau compare des clients (de A à J) dont on connaît le nombre d'appels passés et de textos envoyés sur une période d'un mois. Pour les plus visuels d'entre nous, voici la version graphique de ce même tableau : il révèle des nuages de points qui forment des catégories de clients.

Communication par client

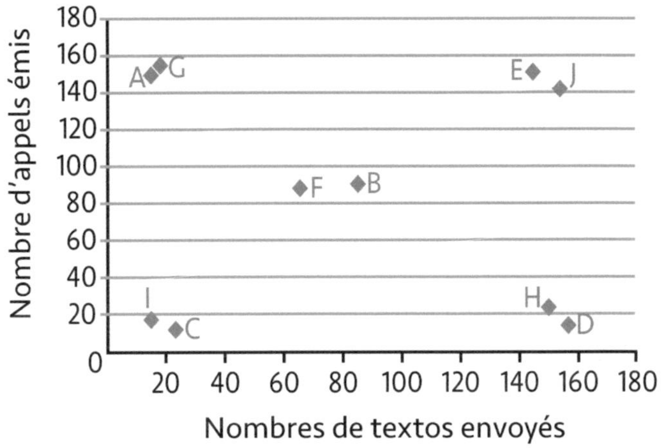

Sous cet angle, il devient aisé de distinguer les différents profils de clients et de délimiter des segments. Certains consomment très peu de SMS et d'appels, d'autres un peu des deux ou juste l'un des deux, et enfin les derniers affichent les meilleures consommations. La communication et les offres faites à ces clients diffèrent donc sensiblement selon leur type.

- **Les clients C et I** ne consomment pas ou peu de communications. Face à ce genre de per-

sonnes, les *marketers* peuvent décider de :
- tout faire pour les faire passer dans la catégorie supérieure ;
- les laisser de côté (c'est ce qui arrive le plus souvent), car il y a peu de chances qu'ils génèrent un jour un profit pour l'entreprise.

- **Les clients B et F** font partie du groupe qui compte le plus de consommateurs. N'ayant pas de préférences de consommation, ces clients « moyens » génèrent un revenu stable. L'objectif poursuivi par les commerciaux est ici de les garder absolument en tant que clients en leur proposant occasionnellement des offres complémentaires pour les amener à devenir comme les clients E et J.

- **Les clients D/H et A/G** consomment principalement soit des textos, soit des appels, sans doute par préférence. Il est dès lors intéressant de leur proposer une offre limitée, combinant par exemple leur type de consommation favorite avec l'autre à un prix plus avantageux. Cette stratégie permet d'élargir la gamme des produits vendus et de convertir certains de ces clients en de très bons consommateurs.

- **Les clients E et J** sont les meilleurs clients. Il faut à tout prix les garder pour qu'ils ne passent pas à la concurrence en leur proposant des offres toujours plus avantageuses et personnalisées : tarifs préférentiels, système de points en fonction de leur consommation qui leur donne accès à d'autres avantages, etc.

Si ce graphique fait apparaître clairement les différentes catégories et stratégies à envisager en fonction des segments, cela n'est pas toujours aussi limpide dans la réalité. Les clients peuvent se trouver éparpillés sur le graphique, aussi est-il nécessaire de procéder à une segmentation plus poussée pour les classer dans un groupe particulier. Pour conclure, les canaux utilisables dans notre cas sont nombreux. Pour les clients existants, ils peuvent être le téléphone et les textos, mais dans le cas d'une prospection plus élargie, la publicité dans les médias ou les relations publiques sont également largement utilisées.

VÉRIFIER LES RÉSULTATS

S'il n'est pas toujours possible de mesurer clairement l'impact d'une campagne marketing sur les ventes, certains canaux de relance, comme le mailing, peuvent assurer un bon suivi des retombées de la campagne ou du moins en fournir de bonnes estimations.

Par ce biais, **le taux de conversion** – entre clients occasionnels et bons clients – peut notamment être calculé :

$$\text{Taux de conversion} = \frac{(\text{Nombre de clients qui ont évolué})}{(\text{Nombre total de clients})} \times 100$$

Si nous avions 6 clients sur 10 qui sont passés à une offre supérieure ou qui ont augmenté leur consommation, notre taux de conversion est de :

$$\frac{6}{10} \times 100 = 60\,\%$$

Il est également possible de calculer **le taux de rétention** des clients, soit le pourcentage de clients restés fidèles à l'entreprise, par rapport à ceux qui sont passés à la concurrence. Pour une année complète, le calcul est le suivant :

$$\text{Taux de rétention} = \frac{\text{(Nombre de clients présents depuis un an ou plus)}}{\text{(Nombre de clients présents il y a un an)}} \times 100$$

Si Mobile Telecom possédait 12 clients l'année précédente, et qu'aujourd'hui 8 d'entre eux sont restés fidèles, notre taux de rétention est de :

$$\frac{8}{12} \times 100 = 67\,\%$$

À l'inverse, puisque **le taux d'attrition** représente la part de clientèle perdue par l'entreprise, il s'élève à :

$$\text{Taux d'attrition} = 100\,\% - \text{taux de rétention}$$

soit dans ce cas-ci,

$$100\,\% - 67\,\% = 33\,\%$$

Exemple 2 – Home-Brico, une segmentation *a priori/a posteriori*

Dans ce deuxième cas pratique, l'entreprise visée est Home Brico, un magasin de bricolage qui aimerait connaître et comprendre qui sont ses clients actuels pour parvenir à en attirer d'autres du même type qui n'auraient pas encore été exposés à un dispositif communicationnel de l'entreprise. L'objectif visé dans ce cas n'est donc plus la fidélisation de la clientèle, comme c'était le cas de Mobile Telecom, mais bien la recherche de nouveaux prospects.

Afin de réduire au maximum les coûts, tout en préservant l'efficacité de la procédure, le gérant demande aux vendeuses d'enregistrer le code postal de chaque client qui se présente aux caisses du magasin. En procédant de la sorte, il parvient à délimiter la zone de chalandise actuelle.

La zone de chalandise actuelle

L'ensemble des consommateurs (le marché)

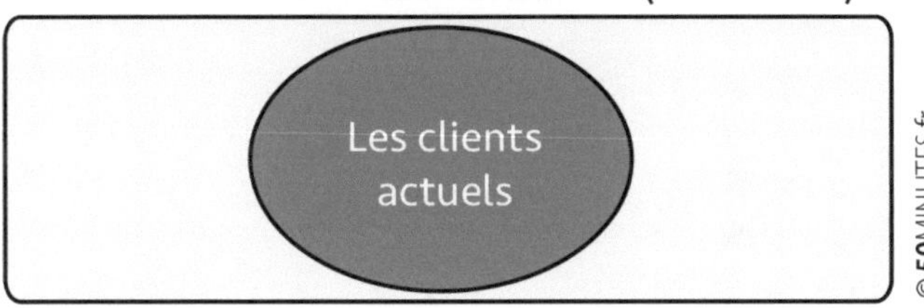

En poursuivant sa réflexion, il définit une nouvelle zone de chalandise théorique ; c'est ce qu'on appelle la segmentation *a priori*. En se basant sur la provenance des clients actuels, Home-Brico détermine son marché cible. Il s'agit ici de la zone jaune qui comprend les clients potentiellement atteignables par la société.

La segmentation a priori

L'ensemble des consommateurs (le marché)

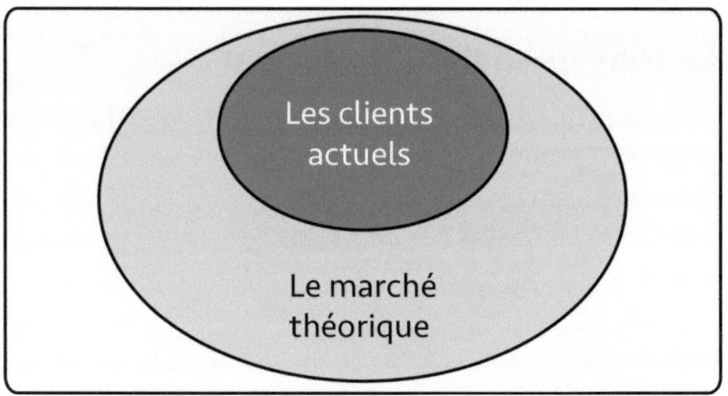

© **50**MINUTES.fr

Vient le tour d'un nouveau cycle de segmentation. C'est ce qu'on appelle la segmentation *a posteriori*. En connaissant le marché théorique, c'est-à-dire les clients potentiels de la zone jaune ci-dessus, l'entreprise va pouvoir s'adresser à eux, via une campagne de publicité par exemple. Les nouveaux clients qui répondront favorablement à l'enseigne vont ainsi représenter le marché réel de la société. Il ne s'agit donc pas nécessairement du marché théorique calculé précédemment :

La segmentation a posteriori

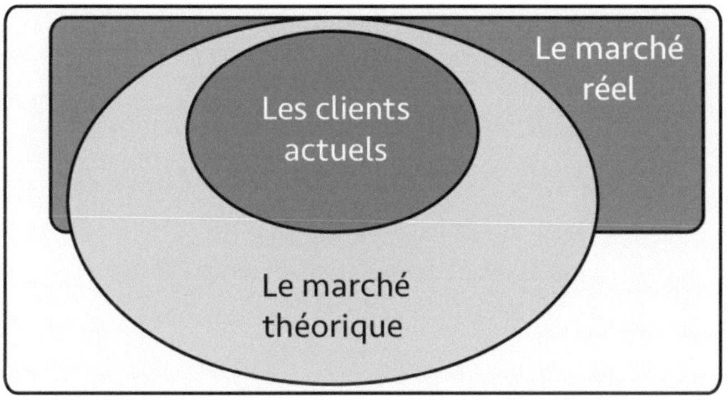

En procédant à une nouvelle segmentation en deux phases, une société est certaine de s'adresser uniquement et de façon personnelle à ses consommateurs potentiels. De même que pour le premier exemple, il est recommandé de vérifier rigoureusement les performances de la nouvelle segmentation et du ciblage en calculant par exemple le taux de conversion pour en tirer les conclusions qui s'imposent.

RÉPERCUSSIONS

LIMITES ET CRITIQUES DU MODÈLE

Bien que la mise en place d'une stratégie de gestion de la relation client apporte certains bénéfices pour l'entreprise, cette démarche connaît inévitablement quelques limites :

- **les données à caractère personnel.** L'entreprise qui applique une démarche CRM ne peut pas utiliser les données des clients à sa guise. Il existe de nombreuses réglementations, dont la directive européenne du 24 octobre 1995 relative à la protection des données à caractère personnel. En version simplifiée, une société ne peut pas récolter tous les types de données, ne peut pas les utiliser sans le consentement du client, et doit laisser un libre accès et une possibilité de suppression des données enregistrées ;

Les notions d'*opt-in* et d'*opt-out* sont étroitement liées à la protection des données à caractère personnel et vont définir comment les sociétés parviendront à collecter les données.

- Dans le cas de l'*opt-in*, le consentement du client préalable est explicite, c'est-à-dire que l'internaute cochera (ou décochera dans le cas de l'*opt-in* passif) une case dans un formulaire pour que ses données soient utilisées à des fins commerciales.
- L'*opt-out* apporte quant à lui un comportement implicite. L'internaute cochera (ou de même, décochera dans le cas de l'*opt-out* passif) une case dans un formulaire pour ne pas que ses données à caractère personnel soient utilisées. On induit donc que le consentement est donné jusqu'à la rétraction.

- **l'obtention des données**. Liés au premier point, l'acquisition et l'entretien des données clients peuvent parfois se révéler compliqués. Les grosses entreprises ont désormais facilement accès à des informations générales, telles que le nom, le numéro de TVA, l'adresse, mais des données comme les préférences de consommation sont plus complexes à obtenir ;

- **l'identification de la clientèle.** Il est parfois difficile d'instaurer une stratégie CRM si les clients ne sont pas ou peu identifiables, ce qui est typiquement le cas de ceux qui sont de passage dans les stations-service : ils sont nombreux et très diversifiés ;
- **les coûts d'un CRM.** Les coûts de mise en place et de gestion d'une stratégie CRM peuvent être relativement importants, notamment si l'application est liée à un ERP plus global, ou si elle offre des possibilités de statistiques et de *reporting* poussées ;
- **l'implication de tous les membres de l'entreprise dans le projet CRM.** Les vendeurs et les *marketers* participeront au projet s'ils y voient un intérêt direct (amélioration de leurs performances par exemple). Dans le cas contraire, s'ils ne perçoivent qu'une charge de travail supplémentaire, ils ne s'engageront pas totalement, et le projet risque de coûter plus qu'il ne rapportera à l'entreprise.

EXTENSIONS ET MODÈLES CONNEXES

Le SRM ou « gestion de la relation fournisseur »

Le SRM (*Supplier Relationship Management*) est tout, comme le CRM, une stratégie permettant d'optimiser les interactions entre parties prenantes ; dans ce cas-ci, il s'agit des fournisseurs. Le SRM facilite entre autres la communication (bien souvent par voie informatique automatisée), l'approvisionnement des marchandises (possibilité de le rendre automatique via le déclenchement d'alertes spécifiques), et enfin le choix, la sélection et la négociation avec les fournisseurs.

L'ERM ou « gestion des relations employé »

L'ERM (*Employee Relationship Management*) ressemble au CRM, en ce qu'il permet de gérer les ressources humaines d'une société : la gestion des salaires, les accès informatiques, les suivis de carrière, les offres de formation ou encore la communication générale.

Le Social CRM

Le *Social CRM* est une évolution du CRM qui agit au niveau des réseaux sociaux les plus connus tels que Facebook, LinkedIn ou Twitter. En offrant une dimension supplémentaire au CRM traditionnel, l'entreprise peut mieux appréhender les envies des consommateurs et dès lors répondre à leurs besoins de façon optimale.

Le VRM ou « gestion des relations vendeur »

Le VRM (*Vendor Relationship Management*) est un concept qui reste aujourd'hui relativement théorique. Né sous l'impulsion d'associations de consommateurs, il cherche à laisser le client choisir et gérer lui-même les entreprises avec qui il fait affaire. Tout comme une entreprise aurait son CRM comprenant la liste de ses clients, de ses prospects et éventuellement ses clients perdus, le consommateur aurait ici une liste des magasins qu'il fréquente et d'autres qui pourraient potentiellement l'intéresser, lui permettant de gérer lui-même ses informations, notamment ses données à caractère personnel.

EN RÉSUMÉ

- Le CRM, pour *Customer Relationship Management*, ou encore « gestion de la relation client », désigne l'ensemble des outils et techniques permettant de gérer et d'enrichir à long terme les relations avec les clients actuels, les anciens et les prospects.
- L'outil informatique homonyme permet de gérer une grande quantité de clients – et de données les concernant – tout en s'adressant à eux personnellement.
- Le CRM valorise la relation client grâce à différentes actions :
  - la segmentation des clients en petits groupes homogènes permettant à une entreprise de mieux les connaître et d'adapter son discours en conséquence. Les variables les plus utilisées sont géographiques, firmographiques, sociodémographiques, comportementales, socio-économiques et psychographiques ;
  - la fidélisation des clients existants. Puisque fidéliser des consommateurs est moins onéreux que d'en conquérir de nouveaux,

les entreprises ont tout intérêt à mettre en place une stratégie CRM (boucle d'achat) ;
  ◦ le *reporting* de données, c'est-à-dire le calcul et l'analyse de nombreux indicateurs clés (KPI), qui fournit des corrélations et d'autres statistiques en vue de favoriser une meilleure gestion de l'entreprise jumelée à une prise de décision optimale (minimisation des risques).
- Les avantages sont conséquents. En facilitant la gestion d'un grand nombre de clients – ce qui implique des contacts privilégiés et personnalisés avec chacun d'eux –, le CRM contribue à améliorer la qualité du service et de la communication externe, ce qui se traduit par une hausse du profit net par client et une augmentation du chiffre d'affaires.
- Le modèle souffre cependant de certaines limites. Une société ne peut en effet pas exploiter toutes les données personnelles comme elle le souhaite : il existe des réglementations à ce sujet, protégeant les consommateurs et leurs informations. Les clients ne sont pas toujours identifiables, ce qui est également un frein au CRM, tandis que celui-ci peut s'avérer parfois très coûteux à mettre en place et à

maintenir. Enfin, l'obtention de données telles que les préférences de consommation peut être fastidieuse.

- En lien avec le CRM, l'ERP, ou « progiciel de gestion intégré », permet de centraliser toutes les fonctions importantes d'une entreprise dans une application avec une base de données unique. L'ERM permet quant à lui la gestion des ressources humaines et le SRM la gestion des fournisseurs.

Votre avis nous intéresse !
Laissez un commentaire sur le site de votre
librairie en ligne et partagez vos coups de cœur sur
les réseaux sociaux !

POUR ALLER PLUS LOIN

SOURCES BIBLIOGRAPHIQUES

- ADARY (Assaël), *Évaluez vos actions de communication*, Paris, Dunod, 2008.

- ALARD (Pierre), *La stratégie de relation client*, Paris, Dunod, 2000.

- AMIDOU (Loukouman), *Marketing des réseaux sociaux*, Boulogne-Billancourt, MA éditions, 2012.

- BENNETT (Travis), « 7 Types of Market Segmentation », in *Udemy*, consulté le 25 juillet 2015.
  https://blog.udemy.com/
  types-of-market-segmentation/

- C-RADAR, « La firmographie, un outil intelligent pour comprendre, identifier, vérifier et détecter », in *C-Radar*, consulté le 25 juillet 2015.
  http://www.c-radar.com/2014/09/firmographie-outil-intelligent-comprendre-identifier-verifier-detecter/

- DELERS (Antoine), *Le principe de Pareto*, Namur, Editions Lemaitre Publishing, 2014.

- DIVARD (Ronan), *Le marketing participatif*, Paris, Dunod, 2010.

- GHANNAM-ZAIM (Ouaffa), « La segmentation », in *Institut Supérieur du Commerce et d'Administrations des entreprises*, consulté le 25 juillet 2015. http://fr.slideshare.net/enams90/la-segmentation-en-marketing

- HARVARD, « Project VRM », in *Cyber Law Harvard*, consulté le 25 juillet 2015. http://cyber.law.harvard.edu/projectvrm/Main_Page

- KREBS (Geneviève), *Nouvelles pratiques client-fournisseur*, Saint-Denis-La-Plaine, Afnor, 2004.

- LEFÉBURE (René) et VENTURI (Gilles), *Gestion de la relation client*, Paris, Eyrolles, 2004.

- MCMAHON (Chuck), « The 16 Marketing KPIs You Should Be Measuring (But Probably Aren't) », in *VTL Design*, consulté le 25 juillet 2015. https://vtldesign.com/inbound-marketing/16-marketing-kpis-to-measure/

- PEELEN (Ed), JALLAT (Frédéric) et STEVENS (Éric), *Gestion de la relation client. Total relationship management, Big data et marketing mobile*, Paris, Pearson, 2014.

- RAO (Srikumar S.), « Diaper-beer syndrome », in *Forbes.com*, juin 1998, consulté le 25 juillet 2015. http://www.forbes.com/forbes/1998/0406/6107128a.html

- ROUSE (Margaret), « Customer Relationship Management », in *TechTarget,* consulté le 25 juillet 2015.
  http://searchcrm.techtarget.com/definition/CRM

- VAN DESSEL (Gert), « Net Promoter Score », in *CheckMarket*, consulté le 25 juillet 2015.
  https://fr.checkmarket.com/2011/06/
  votre-net-promoter-score/

SOURCES COMPLÉMENTAIRES

- BARANZELLI (Stéphane), « Les stratégies de fidélisation », in *Experian.*
  http://www.experian.fr/marketing-services/
  videos/avis-experts/strategies-de-fidelisa-
  tion-client.html

ISBN ebook : 978-2-8062-6042-0
ISBN papier : 978-2-8062-6043-7
Dépôt legal : D/2015/12603/183
Photo de couverture : © Primento

Conception numérique : Primento,
le partenaire numérique des éditeurs